W0049696

Monika Gruhl

Aufleben!

Über die Autorin:

Monika Gruhl ist eine der führenden deutschen Resilienz-Spezialistinnen und Mitgründerin des »Resilienzzentrums Osnabrück«. Die Autorin des Standardwerks »Resilienz – die Strategie der Stehauf-Menschen« ist dort auch heute noch als Trainerin und Coach tätig. Mehr Informationen: www.monikagruhl.de und www.resilienzzentrum.de.

Monika Gruhl

Aufleben!

5 Minuten für
mehr innere Stärke
und Resilienz

Lübbe

BASTEI LÜBBE TASCHENBUCH
Band 60997
Originalausgabe
Vermittelt durch Imke Rötger, Agentur und Dienste für Autoren und Verlage
Copyright © 2018 by Bastei Lübbe AG, Köln
Gesamtgestaltung und Illustration: Lena Ellermann
Gesetzt aus der Adobe Garamond Pro
Druck und Bindung: Print Consult GmbH, München
Printed in Slovakia
ISBN 978-3-404-60997-0

7   6   5   4   3

Sie finden uns im Internet unter www.luebbe.de
Bitte beachten Sie auch: www.lesejury.de

Inhalt

Einleitung 6

Resilienz 9

Optimismus 15

Akzeptanz 28

Den ersten Schritt tun 51

In Balance kommen 59

Verantwortung für mich selbst 73

Zukunft gestalten 81

Beziehungen gestalten 89

Aufleben 103

Dank 104

Mehr Freude und Gelassenheit

Sie wünschen sich ein erfülltes Leben, möchten für Ihre Familie und Freunde da sein und Ihren beruflichen, privaten oder gesellschaftlichen Aufgaben gerecht werden? Unter dem Druck, alle diese Erwartungen zu erfüllen, sind Sie gelegentlich gereizt, erschöpft, dünnhäutig? Und fragen sich, wo Sie selbst bleiben? Vermissen Begeisterung, Freude und Leichtigkeit in Ihrem Leben?
Dann könnte dieses Büchlein genau das Richtige für Sie sein. Es dreht sich um Resilienz, um den Zauber unserer inneren Stärke. Resilienz lässt Menschen aufleben, unabhängig davon, in welcher Lebenslage sie sich befinden. Resilienz stärkt uns darin, unsere Persönlichkeit zum Vorschein zu bringen und weiterzuentwickeln. Resilienz befähigt uns zu dem Balanceakt, uns in der Welt zu engagieren und gleichzeitig uns selbst nicht zu vergessen. Resilienz lässt sich lernen und üben. Die Wissensimpulse, Denkanstöße und kleinen Übungen für den Alltag werden Ihnen dabei helfen. Dafür brauchen Sie keine weiteren zeitraubenden To-do's in Ihren vollen Kalender zu quetschen. Ich möchte Sie eher zum Weglassen und zum Loslassen von unnötigen Belastungen ermutigen.

Blättern Sie durch und halten Sie da inne, wo Ihr Blick hängen bleibt. Lassen Sie die Worte und Illustrationen auf sich wirken. Manche Anregungen werden Sie vielleicht »überlesen«, manche fest in Ihren Alltag integrieren.

Alle haben zum Ziel, den Weg zu Ihren **inneren Kräften** und Ihrer persönlichen Stärke zu bahnen. Indem Sie sich aufmerksam und aufrichtig Zuwendung schenken und sich **liebevoll** um sich kümmern, wird Ihr Leben wie von selbst freundlicher und entspannter.

Geben Sie sich selbst die Erlaubnis, sich das Leben zu erleichtern und zu verschönern und sich selbst zum **Blühen** zu bringen. Dafür brauchen Sie neben Luft, Licht, Wasser auch ein bisschen Dünger in Form von Aufmerksamkeit, Lebensfreude, Verbundenheit, Gelassenheit.

Damit schaffen Sie im Übrigen auch die besten Voraussetzungen, um dasselbe bei anderen bewirken zu können.

Ich freue mich sehr, Sie dabei begleiten zu dürfen.

Ihre Monika Gruhl

Das größte Geheimnis des Glücks ist,

mit sich selbst im Reinen zu sein.

Bernard Le Bovier de Fontenelle

Resilienz – Die inneren Kräfte wecken und stärken

 ## Was ist Resilienz?

Der Begriff Resilienz ist abgeleitet von dem lateinischen Wort »resilire«. Es bedeutet zurückspringen, abprallen. Mit Resilienz ist die Elastizität gemeint, Widrigkeiten, Hindernisse, Schicksalsschläge abprallen zu lassen statt sich davon überwältigen zu lassen.

Häufig wird Resilienz mit einem seelischen Immunsystem verglichen. Wie das körperliche Immunsystem kann es schädliche Einflüsse nicht einfach beseitigen. Aber es kann aktiviert werden, um sie unschädlich zu machen, ohne weitere Beeinträchtigung zu überwinden und Verletzungen zu heilen.

Resilienz ist innere Stärke, die Summe aller Kräfte, die Menschen aktivieren, um Krisen und Schwierigkeiten so zu meistern, dass sie am Ende daran wachsen und reifen.

- Resilienz haben heißt nicht, immer stark zu sein.
- Resilienz zeigt jemand, der immer wieder in seine Kraft kommen und sich aufrichten kann.

Innere Stärke tut jedem gut!

Um das Phänomen der Resilienz zu veranschaulichen wird häufig auf beeindruckende Beispiele von Menschen verwiesen, die schwerste Schicksalsschläge erlitten haben. Menschen, deren wirtschaftliche Existenz vernichtet wurde. Menschen, die schlimmste Verletzungen erlitten und dramatische Einschränkungen zu verkraften haben. Menschen, die auf besonders tragische Weise nahestehende Angehörige verloren haben.

Natürlich zeigen solche Beispiele eindrucksvoll, was die Kraft der Resilienz vermag. Sie können aber auch den Eindruck erwecken, Resilienz würde im normalen Alltagsleben mit durchschnittlichen Höhen und Tiefen keine Rolle spielen.

Doch Resilienz ermöglicht **allen Menschen** ihr Leben zu meistern, unabhängig davon, in welchen Verhältnissen sie leben und welchen Herausforderungen sie ausgesetzt sind. Im beruflichen wie im privaten Leben, bei existenziellen Herausforderungen wie auch bei kleinen Widrigkeiten, in Aufbauphasen wie auch im Alter, in Gesundheit und in Krankheit: Resilienz entscheidet im Wesentlichen darüber, ob das Leben gelingt und als gelungen erlebt wird.

Die Karten des Lebens

Das Leben verteilt die Karten weder gleichmäßig noch gerecht. Doch es kommt nicht nur darauf an, beste Voraussetzungen zu haben. Resiliente Menschen verstehen es, auch mit einem mittelmäßigen oder schlechten Blatt ein gutes Spiel zu machen.

Hindernisse überwinden

- Was haben Sie erreicht, obwohl man Ihnen das vielleicht nicht zugetraut hat?
- Was in Ihrem Leben ist vielleicht nicht so verlaufen, wie Sie es sich gewünscht hätten?
- Wofür mussten Sie Hindernisse überwinden oder Steine aus dem Weg räumen?

Trotzdem haben Sie es gemeistert, und sehr wahrscheinlich hat sich letztendlich auch etwas Positives daraus entwickelt.

Sammeln Sie solche Trotzdem-Beispiele aus Ihrem Leben. Sie zeigen Ihnen, welche Widrigkeiten Sie schon überwunden haben und was an Gutem für Sie dabei herausgekommen ist. Und sie geben Ihnen Rückenwind für den Umgang mit aktuellen und zukünftigen Schwierigkeiten.

Schwierige Zeiten

Solange das Leben einigermaßen glatt läuft, kommen Sie mit Ihrem üblichen Repertoire an Grundhaltungen und Verhaltensweisen sicher gut zurecht. In schwierigen Situationen und bei neuen Herausforderungen aber brauchen Sie starke Strategien und wirksame Fähigkeiten. Genau das sind die Momente, in denen Ihre Resilienz gefragt ist! Und es sind die Momente, in denen Sie unbewusst Ihre Resilienz aktivieren! Wesentliche Entscheidungen und deutliche Wendungen werden oft dann vollzogen, wenn wir uns bedroht fühlen, existenzielle Einschnitte oder herbe Rückschläge erlitten haben. Dann spüren wir ganz deutlich, dass es so nicht weitergeht.

Das ist die Chance, die in Krisen und Umbrüchen steckt. Zunächst mögen wir sie als übermäßige Belastung erleben. Das Chaos, das sie mitbringen, kann uns stark verunsichern. Unter Umständen scheinen sie unser ganzes Leben auf den Kopf zu stellen.

Doch sie fordern unsere innere Stärke heraus, wollen wir nicht untergehen. Im Rückblick bestätigen die meisten Menschen, dass sie genau dadurch etwas Wesentliches gelernt haben, daran gewachsen sind, ihre eigene Stärke erst entdeckt haben, an Selbstvertrauen gewonnen haben.

Wendepunkte

Gerade wenn unsere gewohnten Mittel und Wege nicht mehr funktionieren, haben wir die Chance, uns zu verändern. Es gibt ziemlich viele zufriedene beruflich Selbstständige, die diesen Schritt erst gewagt haben, als sie arbeitslos wurden oder zu werden drohten. Viele Menschen besinnen sich erst durch eine schmerzhafte Trennung auf ihre persönlichen Vorstellungen vom Leben und finden ihren eigenen Weg.

Das eigene Leben gestalten

Natürlich müssen Sie nicht auf die nächste Krise warten. Sie können auch aus freien Stücken eine Kehrtwendung machen oder einen Neubeginn wagen, wenn Sie mit Ihrem Leben nicht zufrieden sind, sich am falschen Platz fühlen oder einen lang gehegten Traum verwirklichen wollen.

- Was würden Sie am liebsten tun?
- Wie möchten Sie leben und arbeiten?
- Was davon verwirklichen Sie, ohne dass das Leben Sie dazu »zwingt«?

Optimismus

Wenn Sie dankbar erkennen, was Sie haben, statt zu bedauern, was Sie nicht haben. Wenn Sie davon ausgehen, dass Sie in der Lage sind, Herausforderungen zu meistern, auch wenn es nicht immer leicht sein wird. Dann sind Sie in der inneren Haltung des Optimismus. Diese Haltung lässt sich erlernen und üben – und so bahnen Sie allein kraft Ihrer Gedanken den Weg zu Ihrer inneren Stärke.

 ## Die Kraft der Gedanken

Auch Optimisten sind nicht immer gut drauf. Optimistisch sein bedeutet nämlich keineswegs, immer fröhlich und unbekümmert zu sein. Die Attitude ständiger Unbeschwertheit verhindert eher echten Optimismus. Menschen mit einer optimistischen Grundhaltung leugnen oder verdrängen nicht, wenn sie es gerade sehr schwer haben. Doch sie glauben fest daran, dass es wieder anders wird, auch wenn sie noch nicht wissen, wie und wann.
Nur solange wir etwas für eine Katastrophe halten, wird es auch eine solche bleiben oder sich dazu entwickeln. Optimisten erfahren genauso viele Niederlagen, Enttäuschungen, Zurückweisungen und Herzweh wie andere

Menschen. Sie denken nur anders darüber. Sie leiten aus ihren Erfahrungen nicht die Schlussfolgerung ab, dass es immer (wieder) so kommen muss.

Sobald Sie aber Ihre Überzeugungen ändern, werden Ihre veränderten Gedanken andere Menschen und andere Chancen anziehen.

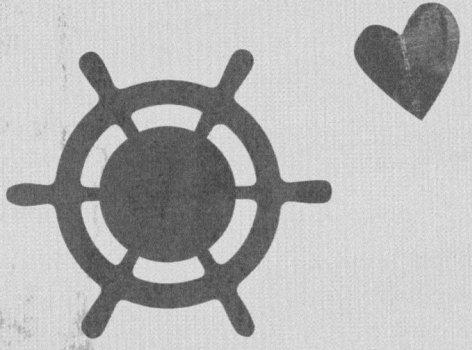

Gedanken steuern

»Wenn ich an meine erste Präsentation morgen denke, wird mir ganz anders. In solchen Situationen verkaufe ich mich einfach schlecht. Das war auch schon im Bewerbungsgespräch so. Vor Aufregung konnte ich kaum einen klaren Gedanken fassen. Das wird bestimmt eine riesige Blamage morgen!«

Bei solchen Gedanken können Sie körperlich spüren, wie Ihr ganzer Organismus auf Stress schaltet: Ihre Muskeln ziehen sich zusammen, Sie sind angespannt. Vielleicht fühlen Sie ein ungutes Gefühl im Magen oder ein schmerzendes Ziehen im Nacken. Das wird aber nicht durch die Situation verursacht, sondern durch das, was Sie darüber denken.

»Ich bin ganz schön nervös wegen der Präsentation morgen. Aber im Bewerbungsgespräch war ich auch sehr aufgeregt, und trotzdem habe ich die Stelle bekommen. Also werde ich das morgen wohl auch schaffen. Ich bin gut vorbereitet. Und der Chef traut es mir schließlich auch zu.«

Mit dieser Haltung werden Sie entspannter, Sie bieten Ihrem Unterbewusstsein Bilder, die Ihren Optimismus stärken. So gehen Sie gelassener in die Situation und erhöhen Ihre Chancen, eine gute Erfahrung zu machen.

Starthilfe

Oft entscheiden bereits die ersten Gedanken nach dem Aufstehen über die Stimmung des ganzen Tages.
Was Sie am Montagmorgen denken, prägt den Beginn und weiterer Verlauf der Woche.
Ihre Gedanken vor einem Treffen beeinflussen, wie sich die Beziehung und das Gespräch entwickeln.

○ Achten Sie darauf, welche Gedanken und Gewohnheiten Sie gut in einen neuen Tag / eine neue Woche / eine Begegnung bringen.

○ Halten Sie diese Gedanken auf Kärtchen fest, die Sie an einer Stelle hinterlegen, wo häufig Ihr Blick darauf fällt.

○ Machen Sie sich auf diese Weise förderliche Gedanken so lange zu eigen, bis diese »Starthilfe« in den entsprechenden Situationen automatisch anspringt.

Hoffnung und Zuversicht

Optimistisch sein heißt, angesichts von Leid, Unrecht und Not Hoffnung zu haben, zu wecken und zu nähren. Ohne Hoffnung sind wir handlungsunfähig. Hoffnung ist eine grundlegende Voraussetzung dafür, dass die Dinge sich zum Guten wenden können und dass wir uns aktiv dafür einsetzen.

- Kranke brauchen Hoffnung, damit Heilung oder Besserung überhaupt möglich ist.
- Benachteiligte brauchen Hoffnung, dass die Verhältnisse sich ändern lassen.
- Trauernde brauchen Hoffnung, damit sie nicht untröstlich sind.
- Wer mit sich selbst hadert, braucht die Hoffnung, dass er sich ändern kann.

Worauf richten Sie Ihre Hoffnung? Wer oder was stimmt Sie zuversichtlich? Widmen Sie dem regelmäßig Aufmerksamkeit.Ihre Zuversicht und Ihre Hoffnung(en) zu nähren ist nicht nur wichtig, damit Sie sich selbst besser fühlen, sondern auch, damit Sie etwas bewirken können in der Welt.

Unbewusste Überzeugungen

Menschen tun nichts völlig Sinnloses. Wir verhalten uns nicht immer optimal, doch tun wir nichts ohne »guten Grund«, auch wenn er uns oft nicht bewusst ist.
Um überhaupt zu handeln oder zu reagieren, müssen wir also von irgendeiner Wirkung überzeugt sein oder zumindest darauf hoffen.

- Wer widerspricht, glaubt, dass sein Widerspruch etwas bewirkt.
- Wer nichts sagt, geht davon aus, dass sein Schweigen ihm oder anderen nutzt.
- Wer nein sagt, vertraut darauf, dass er mit den Folgen fertig wird.

Was auch immer Sie tun oder lassen, in Ihren (unbewussten) Vorannahmen dazu verbirgt sich mindestens ein Quäntchen Optimismus. Hinter Ihrer vermeintlich pessimistischen Grundhaltung und Ihrem defensiven Handeln werden Sie neue optimistische Funken der Hoffnung finden, die Sie anfachen können.

Quellen für Optimismus

Hoffnung und Zuversicht können aus vielen Quellen sprudeln:

- Manche Menschen vertrauen am meisten auf sich selbst. Manche verlassen sich gern auf andere.
- Die einen baut der Gedanke auf, dass sie in der Lage sind, sich auch größten Herausforderungen zu stellen. Anderen hilft eher die Vorstellung, sich im Ernstfall verdrücken zu können.
- Manche verlassen sich ganz auf logische Analyse und wissenschaftliche Nachweise. Manche vertrauen auf gestaltende Kräfte, die mit reiner Vernunft nicht zu fassen sind.

Wo liegen die wichtigsten Quellen für Ihren Optimismus?

Optimismus steigern

- Was stimmt andere Menschen zuversichtlich? Kann das auch Ihren Optimismus steigern?
- Pflegen Sie, woraus sich Ihr Optimismus speist, sei es Ihr Selbstvertrauen, Ihr Wissen, Ihre Beziehungen, Ihr Glaube.

Bewusst auswählen, was Sie beeinflusst

Manche kennen das aus dem Urlaub: Weit weg von
zu Hause fällt es leichter, die Dauerberieselung durch
Zeitung, Fernsehen und andere Medien zu stoppen. Das
strapazierte Unterbewusstsein bekommt eine Pause und
lässt uns aufatmen. Wie oft hören oder sehen Sie dagegen
im Alltag die gleichen negativen Meldungen, die mutlos,
hoffnungslos und deprimiert machen? Die unzähligen
Wiederholungen brennen diese Gefühle regelrecht ein,
ohne dass sich an den Verhältnissen irgendetwas ändert.

Informationsschwall stoppen

- Entscheiden Sie selbst, wann Sie die Informationswelle
  unterbrechen und ganz gezielt und bewusst für eine
  Zeit ausschalten.
- Nehmen Sie sich vor: Nach der Sendung xy schalte
  ich aus. Und halten Sie sich daran!
- Mit Ihrer ganz persönlichen Zensur schaffen Sie
  sich Zeit und Raum für Erholung, indem Sie
  Musik hören, etwas Aufbauendes lesen,
  Ihren Gedanken nachhängen. Oder
  einfach eine Weile gar nichts tun
  und nur aus dem Fenster schauen.

Vertrauen und Mut

Optimismus erwächst auch aus dem Vertrauen, sich geborgen zu fühlen und getragen zu sein: von Gott, von guten Mächten, vom Leben, von Mitmenschen. Wir gehen nicht unter, wenn wir nicht alle Fäden in der Hand halten und nicht alles kontrollieren. Guten Mutes sein drückt aus, dass wir an das Gelingen glauben und gleichzeitig unseren Teil dazu beitragen.

Indem wir an etwas glauben, schaffen wir die Möglichkeit, dass es eintritt. Zum Mut gehört auch das Risiko.

➤ Manchmal fangen wir etwas an ohne sicher zu sein, wie es ausgehen wird.

➤ Wir wagen uns aus der Deckung auf die Gefahr hin, verletzt zu werden.

➤ Wir setzen Vertrautes aufs Spiel, um neue Wege zu gehen.

Mut wächst uns zu aus der Ermutigung von anderen. Vieles trauen wir uns zu, weil andere uns für fähig halten und uns Zuspruch geben.

Doch es gibt auch eigene Wege, die wir uns selber zutrauen müssen, und Entscheidungen, für die wir uns selber Mut zusprechen können. Kein anderer kann das für uns übernehmen.

Wenn Vertrauen und Mut noch zarte Pflänzchen sind, können sie leicht niedergemacht werden. Im Alltag lassen sich viele Beispiele dafür finden, wie Menschen anderen ihre Ziele und Freuden verleiden. Auch wenn solche Kommentare unbedacht und ohne böse Absicht geäußert werden, entfalten sie ihre deprimierende Wirkung.

»Wir haben eine Reise nach Mexiko gebucht.«
»Was? Meiers waren da, es war unglaublich heiß und dreckig. Sie waren völlig fertig, als sie wieder zurück waren.«

»Ich habe mich endlich entschlossen, mich selbstständig zu machen.«
»Wenn das mal gut geht! Weißt du, wie viele Pleiten es heutzutage gibt?«

»Mit Torsten habe ich endlich einen liebevollen Partner gefunden, der sich auch mit meiner Tochter gut versteht. Nächsten Monat ziehen wir zusammen.«
»Das ist für den als arbeitsloser Musiker ja ein willkommenes Arrangement. Pass bloß auf, dass er dich nicht finanziell ausnutzt.«

Es geht auch anders. Um sich gegenseitig zu ermutigen, braucht man nicht naiv, unkritisch oder realitätsfern zu sein. Wer selber Bedenken hat und sie dem Gegenüber nicht vorenthalten will, kann diese als Angebot formulieren – so steht es dem anderen frei, das anzunehmen oder nicht.

»Wir haben eine Reise nach Mexiko gebucht.«
»Das wird sicher eine interessante Reise, und ihr werdet viel Schönes sehen. Kommt gesund wieder!«

»Ich habe mich endlich entschlossen, mich selbstständig zu machen.«
»Gratuliere! Mit einem guten Geschäftsplan und deinem Elan wirst du es sicher meistern. Ich wünsche dir alles Gute. Wenn du interessiert bist, kann ich dir einen guten Finanzberater empfehlen.«

»Mit Torsten habe ich endlich einen liebevollen Partner gefunden, der sich auch mit meiner Tochter gut versteht. Nächsten Monat ziehen wir zusammen.«
»Ich freue mich für dich. Wenn du nochmal überlegen willst, wie ihr das finanziell regeln wollt, nehme ich mir gern die Zeit. Ansonsten wünsche ich euch viel Glück.«

Optimismus stärken

In 3-5 Minuten:

Halten Sie mindestens drei Dinge, die
Sie zuversichtlich und heiter stimmen,
bereit, sodass Sie jederzeit schnell darauf
zugreifen können:
ein Bild oder Foto, ein Musikstück, ein wit-
ziger Text, ein Videoausschnitt, eine kurze
Bewegung …

Grundsätzlich:

- Suchen Sie die Gesellschaft von Menschen, die Sie ermutigen und wohlwollendes Interesse an Ihren Plänen haben.
- Machen Sie einen weiten Bogen um Menschen, die Sie entmutigen oder kleinmachen.
- Lassen Sie nicht zu, dass sie aufkeimende Pflänzchen von Optimismus gedankenlos oder auch gezielt niedertreten.
- Reduzieren oder meiden Sie Informationsquellen, die Gedanken von Negativität und Aussichtslosigkeit auslösen.
- Nutzen und erschließen Sie Informationsquellen, die Sie zu zuversichtlichem und lösungsorientiertem Denken anregen.

Akzeptanz

Für das Leben
Für sich selbst
Für andere Menschen

 ## Das Leben annehmen

Das Leben ist ein vielfältiges Ganzes, und wir können uns nicht nur die Rosinen herauspicken: Wir unterliegen Gegebenheiten, die wir nicht ändern können. Wir machen leidvolle Erfahrungen, auf die wir gerne verzichtet hätten. Der Platzregen beim Picknick, der verspätete Zug, der vollgelaufene Keller, der Verlust des Arbeitsplatzes wegen Konkurs, die Erkrankung eines nahestehenden Menschen – gegen solche und andere Vorkommnisse sind wir machtlos. Sie geschehen einfach ohne unser Zutun. Je weniger Einfluss wir auf etwas haben, desto mehr ist unser Akzeptanzvermögen gefragt.

- Etwas akzeptieren bedeutet keineswegs, es gutheißen, begrüßen oder befürworten.
- Etwas akzeptieren bedeutet anerkennen, dass es nun einmal so ist, und dass wir es nicht kontrollieren oder ändern können.

– Etwas akzeptieren bedeutet, seinen Frieden machen und ins Reine kommen mit den Gegebenheiten und Wechselfällen des Lebens.

Das ist gar nicht so leicht, und es gelingt meistens nicht auf Anhieb. Es ist innere Arbeit, den Widerstand gegen das, was wir nicht gerufen haben und auf den ersten Blick nicht in unserem Leben haben wollen, zu überwinden. Doch was haben Sie zu verlieren? Im fortwährenden Hadern und Auflehnen gegen etwas, das Sie ohnehin nicht ändern können, vergeuden Sie nur kostbare Kraft und Energie.
Wenn Sie diese Energie dafür verwenden, sich mit dem Unabänderlichen zu arrangieren und zu versöhnen, haben Sie hingegen eine Menge zu gewinnen:

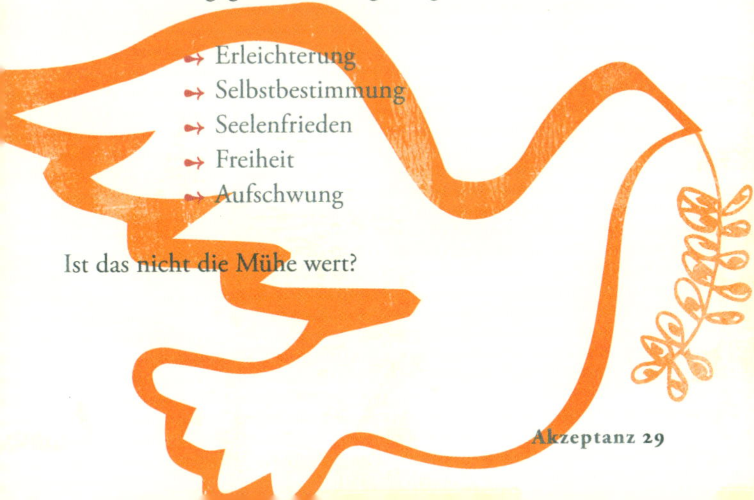

- Erleichterung
- Selbstbestimmung
- Seelenfrieden
- Freiheit
- Aufschwung

Ist das nicht die Mühe wert?

Akzeptanz üben

Die Fähigkeit, Unabänderliches zu akzeptieren, lässt sich in vielen Alltagssituationen üben und entwickeln:
Ob jemand eine Beule in Ihr Auto gefahren hat, der Computer den Geist aufgibt, Sie etwas verloren haben oder Öffnungszeiten verwechselt haben:

- Sagen Sie sich: »Ich kann es jetzt nicht ändern!«
(Es laut aussprechen ist wirksamer.)
- Nehmen Sie einen tiefen Atemzug und konzentrieren Sie sich darauf, nur diese Tatsache zu akzeptieren.
- Wiederholen Sie das gegebenenfalls mehrere Male.

Das bringt Sie in eine viel bessere Ausgangslage für die nächste Gedanken-Stufe:

Wiederholen Sie mit  jedem tiefen Atemzug
einen oder mehrere der folgenden Sätze:

»So ist es nun einmal.«

»Wer weiß, wozu es
am Ende gut ist …«

»Dann ist das eben so.«

»Jetzt mache ich eben
das Beste daraus.«

»Es ist, wie es ist.«

Wie Muskeltraining brauchen auch diese mentalen
Übungen etliche Wiederholungen, bis sie ihre volle
Wirkung entfalten – aber schon auf dem Weg dahin
merken Sie den Unterschied.

Wechselhaftigkeit des Lebens

Alles Lebendige unterliegt einem ständigen Wandlungs-
prozess, der sich nicht aufhalten lässt. Doch vielen Menschen fällt es schwer, Unbeständigkeit und Ungewissheit
auszuhalten. Die Geschwindigkeit, mit der sich viele
Veränderungen vollziehen, verstärkt ihre innere Unruhe
und Besorgtheit. Sie plagen sich mit Sorgen und Ängsten
vor eventuellen Nöten und Schwierigkeiten, von denen
sie nicht wissen können, ob sie jemals eintreten:

- Wenn ich krank werde …
- Wenn mein Sohn durch's Examen fällt …
- Wenn ich meine Arbeit verliere …

 ## Gelassenheit üben

Welche Sorgen, Ängste, Nöte kennen Sie?
Was beschäftigt Sie, hält Sie wach und ruhelos, ohne dass
Sie konkret etwas daran tun könnten?

Nehmen Sie diese Gefühle vorbehaltlos zur
Kenntnis. Sie sind nun mal da. Treffen Sie ein
Abkommen mit sich:

- »Ich kümmere mich darum, wenn es so weit ist.«
- »Was immer auch geschehen mag, ich werde damit fertig.«
- »Das heißt nicht, dass es leicht sein wird, oder bequem oder schön. Aber es wird mich nicht umbringen.«

So lernen Sie im Lauf der Zeit immer mehr die grundsätzliche Unsicherheit und Veränderung des Lebens zu akzeptieren.

Akzeptiere es.
Es ist nicht Resignation, doch nichts
lässt dich so viel Energie verlieren
wie die Diskussionen und der Kampf gegen
eine Situation, die du nicht ändern kannst.

Dalai Lama

 ## Nur Geduld

Akzeptanz aufbringen lässt sich weder verordnen noch übers Knie brechen. Es ist ein Prozess mit wechselndem Auf und Ab.

Mal haben Sie sich mit Ihrer Erkrankung gut abgefunden, mal fragen Sie sich verzweifelt, warum es gerade Sie getroffen hat. In der Regel kommen Sie gut damit zurecht, dass Sie Ihren Job aufgegeben haben, dann wieder trauern Sie ihm hinterher. Im Grunde haben Sie Ihrem Bruder den Zwist um das Erbe verziehen, dann kommt mit einer Erinnerung der alte Zorn wieder hoch.

Haben Sie Geduld mit sich. Solange Sie das Ziel nicht aufgeben, eines Tages Ihren Frieden damit zu machen, sind gefühlte Rückschritte nur Umwege. Sie verlangsamen vielleicht den Weg, aber sie halten Sie nicht auf.

Die wichtigste Ressource für Akzeptanz ist Geduld. Geduld ist eine Wartekraft. In Ruhe warten, bis die Zeit für etwas reif ist. Geduld trainieren heißt warten lernen. Warten haben wir eher **ver**lernt. Es macht uns nervös. Alles geht schnell. Wird sofort beantwortet. Auf der Stelle gekauft. Am nächsten Tag zugestellt.

Die Fähigkeit und die Bereitschaft zu warten lässt sich an vielen Beispielen im Alltag üben und kultivieren:

 ## Geduld üben

- Erst anfassen, wenn die Farbe wirklich getrocknet ist
- Erst mit dem Essen anfangen, wenn alle am Tisch sitzen
- Die Äpfel erst pflücken, wenn sie reif sind
- Jemanden aussprechen lassen
- Nichts tun, während man in der Schlange steht
- Sich einen Wunsch erst dann erfüllen, wenn das Geld dafür zusammengespart ist
- Den Kuchen erst anschneiden, wenn er abgekühlt ist
- Zugesandte Geschenke erst am Geburtstag öffnen
- Erst wieder anstrengen, wenn die Erkältung ganz abgeklungen ist
  ….

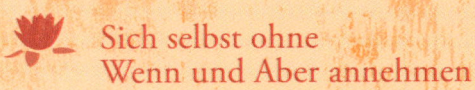

Sich selbst ohne Wenn und Aber annehmen

Wenn Sie sich selbst vorbehaltlos annehmen können mit Ihren geliebten und weniger geliebten Seiten, dann bahnen Sie den Weg dafür, auch andere Menschen vorbehaltlos zu akzeptieren.

Es gilt aber auch das Umgekehrte: Wenn Sie in der Lage sind, andere anzunehmen, ihnen die Schwierigkeiten zu verzeihen, die sie Ihnen bereitet haben, warum dann nicht die gleiche Milde sich selbst entgegenbringen? Sie haben Verständnis und Nachsicht genauso verdient wie alle anderen.

 ## Nachsicht mit sich selbst üben

Achten Sie auf die nächsten 3 Gelegenheiten, bei denen Sie mit sich selbst strenger sind als mit allen anderen.

- Nehmen Sie sich selbst in Gedanken ein paar Minuten in den Arm.
- Sprechen Sie sich Trost und Ermutigung zu, wie Sie es einer lieben Freundin gegenüber täten.
- Bereiten Sie sich eine kleine Freude mit einem Kaffee, einer Blume oder was immer Sie zum Lächeln bringt.

Das Sonntagsgesicht

Wir zeigen uns der Welt gern von unserer besten Seite, insbesondere, wenn wir andere beeindrucken oder gewinnen wollen. Wir entwerfen ein Bild davon, wie wir sein möchten, oder wie wir glauben, sein zu sollen: Wir geben uns beweglich und fit, tun so, als seien Sport und Bewegung für uns selbstverständliche Bedürfnisse. Wir treten als lockere, immer gut gelaunte Mutter auf, die für alle und alles Verständnis hat. Wir tun so, als ob wir keine berufliche Herausforderung scheuen und jede neue Aufgabe freudig begrüßen und übernehmen. Diese Vor-zeige-Version unseres Selbst offenbart, was wir von uns erwarten. Der Anspruch der ständigen Selbstoptimierung kostet Sie allerdings viel Anstrengung und Energie.

Schritte zur Selbstakzeptanz

Achten Sie auf die nächsten 5 Gelegenheiten, bei denen Sie Anstrengung und Anspannung spüren, während Sie Ihr Sonntagsgesicht aufsetzen.

Nehmen Sie sich mit einem tiefen Atemzug einen Moment Zeit wahrzunehmen:

- Was mache ich gerade?
- Wem dient es?
- Was davon brauche ich jetzt wirklich?

Entscheiden Sie, ob die Kraftanstrengung sich lohnt.

Wenn nicht, beenden Sie die Show für heute. Vorhang zu. Wenn ja, ist es auch in Ordnung. Sie werden Ihre guten Gründe dafür haben.

In jedem Fall machen Sie sich selbst nichts mehr vor – ein gutes Fundament für Selbstakzeptanz.

Unangenehme Gefühle

Unangenehme Gefühle werden hervorgerufen durch das, was uns widerfährt, und durch die Art, wie wir darüber denken. Und oft auch durch unsere Gedanken über das, was uns widerfahren könnte.

- »Ich bin so wütend, dass er ohne zu fragen mein Auto genommen hat.«
- »Ich bin so enttäuscht, dass ich keinem mehr über den Weg traue.«
- »Ich habe solche Angst, dass ich meinen Job verliere. In meinem Alter finde ich doch nie wieder was!«

Alle Menschen kennen solche Gefühle. Gleichzeitig denken viele, dass sie diese Gefühle nicht haben sollten. Denn oft wird uns suggeriert, dass wir uns immer wohl und glücklich fühlen können, wenn wir es nur wirklich wollen. Es scheint also nicht in Ordnung zu sein, dass solche Gefühle da sind.

Doch Angst, Trauer, Kummer gehören zum Leben. Sie lassen sich nicht einfach unterdrücken oder beseitigen, nur weil sie uns unangenehm sind. Es ist paradox: Je mehr wir versuchen sie zu leugnen, desto stärker »melden« sie sich. Nehmen wir sie hingegen an, lassen sie uns schneller wieder los.

Unangenehme Gefühle akzeptieren

Diese Gefühle annehmen heißt nicht, sich von ihnen einschränken oder tyrannisieren zu lassen. Trennen Sie zwischen einem Gefühl und Ihrer Reaktion auf das Gefühl.

- Sie können Angst haben **und** Gewässer vermeiden.
  Sie können Angst haben **und** ins Tiefe gehen.
- Sie können traurig sein **und** einsame Tränen vergießen.
  Sie können traurig sein **und** mit Freunden in ein Konzert gehen.

- Sie können wütend sein **und** die Auseinandersetzung suchen.
  Sie können wütend sein **und** sich mit einem lustigen Video ablenken.

Gefühle kommen und gehen. Wenn Sie mögen, leben Sie sie aus und kosten Sie sie aus. Manchmal fühlt es sich stimmig an, eine Weile traurig oder wütend zu sein und sich nicht gleich aufheitern oder beruhigen zu lassen. Sie sind aber nicht gezwungen, sich so zu verhalten, dass unangenehme Gefühle möglichst lange bleiben. Es ist Ihre Entscheidung, wie Sie reagieren. Es geht nicht darum, dass eine Alternative besser ist als eine andere. Es geht darum, dass Sie die Wahl haben.

Erst wenn Sie Ihre Gefühle wahrnehmen, zulassen und annehmen, gewinnen Sie die Freiheit zu entscheiden, wie Sie darauf reagieren. Dann ernten Sie die Früchte der inneren Arbeit für Akzeptanz.

WUT
TRAUER
ANGST

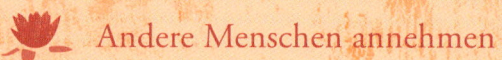

Andere Menschen annehmen

Es ist faszinierend zu beobachten, wie Menschen aufblühen, wenn sie sich als Person voll und ganz angenommen fühlen.

Wann fällt es uns schwer, andere Menschen zu akzeptieren? Meistens dann, wenn sie sich anders verhalten als wir es erwarten, wenn uns nicht passt, was sie tun oder sagen, wenn wir beurteilen oder verurteilen, wie sie sind.

Andere zu akzeptieren bedeutet nicht, sie sympathisch zu finden. Sympathie entsteht einfach – oder auch nicht.

Andere zu akzeptieren bedeutet nicht, jedes Verhalten zu billigen oder gutzuheißen. Es wird immer Verhaltensweisen geben, mit denen wir nicht einverstanden sind.

Andere akzeptieren heißt nicht, dass wir die gleichen Werte haben. Es wird immer Menschen geben, deren Auffassungen und Werte wir nicht teilen.

Andere akzeptieren heißt ihnen zugestehen, dass sie sind, wie sie sind, heißt respektieren, dass sie diese Werte haben, heißt anerkennen, dass sie gleichwürdige Mitmenschen sind.

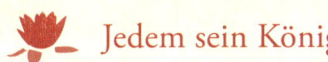 ## Jedem sein Königreich

Jeder Mensch, egal wie reich oder arm, wie alt oder jung, wie intelligent oder dumm, hat das Recht auf sein »Königreich«. Das ist das Reich seiner Gedanken, Gefühle und persönlichen Entscheidungen. Die in Frage zu stellen oder ändern zu wollen, steht niemandem zu.

Die Grenzen dieses Königreichs überschreiten wir, indem wir über die Gefühle oder Empfindungen anderer bestimmen wollen:
»Du brauchst dich gar nicht so aufzuregen, nur weil dir einmal einer die Wahrheit sagt.«
»Ich muss dir etwas Unangenehmes gestehen, aber du darfst nicht sauer sein.«
»Jetzt iss die Suppe, die schmeckt doch sehr gut!«

Was immer Sie sagen oder tun, gestehen Sie dem anderen vorbehaltlos zu, dass er auf seine Weise reagiert.
Sie werden sich wundern, wie Ihre Beziehungen sich verändern, wenn Sie das beherzigen.

Das Königreich anderer achten

Wenn das nächste Mal jemand aufgrund seiner Gefühle anders reagiert, als Sie möchten oder erwarten, widerstehen Sie der Versuchung, ihm diese Gefühle auszureden. Lassen Sie Ihre eigene Meinung oder Ihr Befinden davon unberührt:

o Ihre Freundin sagt: »Das war ja ein Reinfall, wie konntest du mich denn in so einen Film schleppen?« Sie könnten antworten: »Schade, dass er dir nicht gefallen hat, ich fand ihn sehr unterhaltsam.« (Statt die Freundin überzeugen zu wollen, dass es ein guter Film war.)

o Sie könnten zu Ihrem Partner, der ablehnend auf eine gemeinsame Einladung reagiert, sagen: »Es tut mir leid, dass du keine Lust hast, zu dem Fest zu gehen. Ich freue mich darauf und habe mich entschieden, die Einladung anzunehmen.« (Statt ihm seine Unlust ausreden oder ihn um jeden Preis zum Mitkommen bewegen zu wollen.)

Das eigene Königreich schützen

Wenn umgekehrt jemand versucht, Ihnen Ihre Gefühle oder Gedanken auszureden, machen Sie sachlich, aber bestimmt die Grenzen Ihres Königreiches deutlich:

○ **Ihre Mutter sagt:** »Du lässt den Kindern viel zu viel durchgehen!«
Sie könnten antworten: »Danke, dass du dich kümmerst, aber was die Kinder dürfen und was nicht, bestimme ich selbst.«
(Statt sich auf eine Diskussion über Erziehungsnormen einzulassen).

Fassen Sie Mut, sich gegen unbefugte Eindringlinge abzugrenzen. Sie werden merken, dass es Ihnen mit etwas Übung immer selbstverständlicher und leichter über die Lippen geht, weder aggressiv noch beleidigt, einfach klar.

Das Kreuz mit den Erwartungen

Festgefügte Erwartungen hindern uns daran, unvoreinge-
nommen mit anderen umzugehen und ihre Königreiche
zu akzeptieren. Wir urteilen darüber, dass sie unseren
Vorstellungen nicht entsprechen. Und gehen selbst-
verständlich davon aus, dass unsere Auffassungen die
»richtigen« sind.

Akzeptar

Sätze mit »sollte« sind Signale dafür, dass wir unsere eigenen Vorstellungen zu allgemein gültigen Normen erklären:

- Mein Chef sollte mich mehr loben.

(Aber er hat ja nur Augen für die Kollegin.)

- Die Kinder sollten ihre Sachen freiwillig wegräumen.

(Sie respektieren meine Bedürfnisse nicht.)

- Eine Verkäuferin sollte freundlicher sein.

(Das ist sie wohl nur zu ihren Stammkunden.)

- Du solltest dich mehr um deinen alten Vater kümmern.

(Aber dir ist ja egal, wie es ihm geht.)

Solche Sätze legen fest, wie andere zu sein haben. Sie beurteilen, dass nicht in Ordnung ist, wie sie denken und handeln. Manchmal unterstellen sie sogar noch ungeprüft bestimmte Absichten und Motive.

Urteilen und Recht haben wollen aber sind die größten Hemmschuhe für Akzeptanz.

Das größte Problem ist es nicht, Erwartungen zu haben, sondern davon auszugehen, dass sie zu erfüllen sind. Wenn wir uns bewusst sind, dass es unsere Erwartungen sind und es den anderen offen zugestehen, ihnen zu entsprechen oder auch nicht, dann haben wir sie in Wünsche verwandelt.

Erwartungen klären

- Wenn Sie Erwartungen an andere haben, äußern Sie diese deutlich als Wünsche, bei denen es der anderen Person freisteht, sie zu erfüllen oder nicht.

- Und umgekehrt: Dass andere bestimmte Dinge von Ihnen erwarten, heißt nicht, dass Sie das tun müssten. Entscheiden Sie selber, welchen Erwartungen Sie entsprechen wollen und welchen nicht.
  Überprüfen Sie unter dieser Fragestellung gelegentlich auch einmal die Erwartungen, die Sie an sich selber haben.

- Haben Sie den Eindruck, dass unausgesprochene Erwartungen im Raum stehen, fragen Sie direkt und geradeheraus nach. Es kann nämlich durchaus sein, dass weniger oder anderes von Ihnen erwartet wird, als Sie glauben.

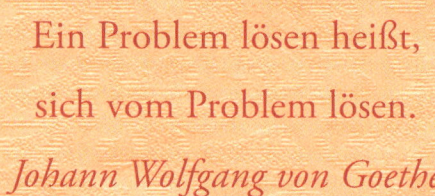

Ein Problem lösen heißt,

sich vom Problem lösen.

Johann Wolfgang von Goethe

Den ersten Schritt tun

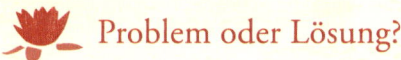 Problem oder Lösung?

Haben Sie den Eindruck, ständig mit Problemen zu tun zu haben? Die Sie gründlich analysieren müssen, bevor Sie die perfekte Lösung finden können?
In den meisten Fragen des Lebens ist es jedoch hilfreicher, sich auf das Ziel zu konzentrieren: Was wollen Sie stattdessen?

Räumt z.B. Ihre Schwiegermutter in Ihrer Abwesenheit das Haus auf, putzt die Fenster und bügelt Ihre Wäsche, kann das eine wunderbare Lösung für Ihre alltägliche Belastung sein: Sie fühlt sich gut mit dieser Beschäftigung, Ihr Mann und Sie gewinnen mehr gemeinsame Freizeit. Betrachten Sie hingegen ihr Tun als unerwünschtes Eindringen in Ihre Privatsphäre, empfinden Sie die gleiche Situation als ziemliches Problem.

Gegebenheiten und Verhaltensweisen sind also nicht an sich ein Problem oder eine Lösung.
Sie sind ein Problem, wenn wir sie hinsichtlich unserer Vorstellungen und Ziele als ungünstig betrachten.
Kommen sie unseren Zielen entgegen oder passen sie gut zu unseren Vorstellungen, stellen sie für uns Lösungen dar.

Perspektiven wechseln – Wahrnehmung schulen

Gegebenheiten können also immer sowohl Probleme als auch Lösungen enthalten – es kommt lediglich auf die Perspektive, auf den Blickwinkel an.

Wahrscheinlich kennen Sie das Vexierbild von Vase und Gesichtern. Die meisten Betrachter erfassen dieses Bild zunächst nur als Vase. Erst wenn sich der Blick verändert, werden die Gesichter deutlich. Von da an kann man willkürlich zwischen den beiden Möglichkeiten wechseln. So verhält es sich auch mit Problemen und Lösungen. Wenn der Blick zuerst auf das Problem fällt, bleibt der Rest unentdeckt. Erst wenn man nicht auf diesen ersten Eindruck fixiert bleibt, lassen sich weitere Aspekte der Gesamtsituation erfassen.

Schärfen Sie Ihre Wahrnehmung für die andere Seite des Bildes: die Lösung. Indem Sie viele Alltagsgelegenheiten nutzen um Ihre Wahrnehmungsfähigkeiten zu trainieren und zu kultivieren, entwickeln Sie eine lösungsorientierte Haltung.

> Inmitten der Schwierigkeiten
> liegen oft Möglichkeiten.
>
> *Albert Einstein*

 ## Mut zu unkonventionellen Ideen

Schwierigkeiten und Krisen in Ihrem Leben bergen immer auch eine Chance, als Persönlichkeit zu wachsen. Wenn es ohnehin nicht weitergehen kann wie bisher, wenn Sie gezwungen sind, Neues zu wagen, warum dann nicht Bedingungen auf den Prüfstand stellen, die Sie belasten, einengen oder klein machen?

Diese Situationen sind oft die Geburtsstunde für wesentliche Richtungswechsel. »Not macht erfinderisch« sagt ein altes Sprichwort. Auf diese Weise sind schon viele kreative Ideen in die Welt gekommen. Neben Inspiration brauchen Sie dafür den Mut, Ihre ganz individuelle Lösung zu realisieren und gegebenenfalls auch unkonventionelle Wege zu gehen. Für wirklich neue Entwicklungen werden Sie auf Anhieb wenig Zustimmung bekommen. Wenn es dann gelingt, folgen Bewunderer und Nachahmer. Darauf können Sie sich verlassen.

Mehr Phantasie entwickeln

 ## Optionales Denken

Sich mehrere Wahlmöglichkeiten (Optionen) zu schaffen nährt Ihre Kreativität und Flexibilität. Das ist nicht immer einfach, besonders wenn Sie glauben, überhaupt keine Idee zu haben. Aber so, wie Muskeln trainiert werden, produziert auch unser Gehirn nur dann Ideen, wenn es gefordert wird. Stellen wir uns eine Situation vor, in der wir mit unseren gewohnten Mitteln nicht weiterkommen:

- Jemand bittet wiederholt höflich darum, dass man ihm zuhört, obwohl es keine Wirkung zeigt.
- Wir wischen weiter an einem Fleck im Teppich herum, der nicht verschwindet.

Lösungsorientiert sein bedeutet, verschiedene Optionen für ein Szenario ausdenken und erwägen zu können. Etwas aufgeben, was mich überlastet. Mit etwas aufhören, das keinen Erfolg zeigt. Etwas anderes tun, vielleicht etwas Überraschendes, Ungewöhnliches, Albernes oder ganz Banales.

Zum Beispiel:

o herumschreien, seine Meinung kommentarlos auf das Flipchart schreiben oder die Füße auf den Tisch legen
o den Fleck färben, herausbrennen oder ein Möbelstück darauf stellen.

Das Ergebnis zeigt, ob Sie am Ziel sind oder weiteres versuchen. Sie haben ja noch Alternativen. In Optionen denken vergrößert Ihren Lösungs- und Handlungsspielraum.

Mentales Training

Wenn Sie entspannt sind, träumen, meditieren, dann werden Sie mit frohen Gedanken beglückt, mit neuen Vorstellungen, Eingebungen, künstlerischen Ideen und Inspiration. Alles, wirklich alles, was auf dieser Welt entdeckt und erfunden worden ist, war ursprünglich ein unbewusster visualisierter Gedanke. Das gilt für jede kleinste Erfindung und Verbesserung im Alltagsleben bis hin zu der großen Eingebung, dass die Erde rund sein könnte.

Phantasie ignoriert die geistigen Sperren, die wir uns mit »vernünftigem« Denken errichten. Kinder kennen solche Blockaden noch nicht. Von Natur aus schöpferisch, erfinden sie beispielsweise laufend neue Wörter wie Wegmacher für Radiergummi.

Mentales Training erweitert nicht nur das Finden neuer Lösungen, es stärkt Ihren Erfolg in allen Bereichen des Lebens. Sie brauchen dazu nur regelmäßig ein paar Minuten an einem inspirierenden Ort. Das kann der bequeme Lieblingssessel zu Hause sein oder ein Plätzchen in einem belebten Straßencafé.

- Denken Sie sich Neues aus, Wörter, Geschichten, Maschinen, Tätigkeiten.
- Spielen Sie Erfinder und Entdecker.
- Lassen Sie Ihrem Geist freien Lauf.

Es geht immer auch anders.

Thomas Mann

Spielräume schaffen

 ### Klein anfangen für große Ergebnisse

Viele erfolgreiche Geschäfte, Initiativen und Bewegungen haben sehr klein angefangen. Mit Menschen, die eine Idee hatten oder einen Traum, die loslegen wollten und einfach angefangen haben, manchmal in einer Küche oder in einer Garage.

Wer immer nur davon träumt, im Ausland zu leben, kommt nicht weit. Stattdessen könnte er damit anfangen, die Sprache zu lernen, Kontakt zu Landsleuten in der eigenen Stadt aufzunehmen, tiefere Kenntnisse über das Land zu erwerben, sich mit anderen Interessenten zu vernetzen.

Oft führt ein kleiner Anfang zu etwas anderem als geplant, zu etwas, an das man gar nicht gedacht hat, das man ohne die Zwischenschritte auch gar nicht erreicht hätte.

 ### Einen Anfang machen

Für welche derzeitigen Wünsche / Vorhaben haben Sie zurzeit noch keine »große« Lösung?
- Was wäre ein kleiner Schritt in die richtige Richtung?
- Tun Sie ihn, und Sie haben einen neuen Ausgangspunkt!

Loslassen

Wenn wir zu sehr auf bestimmte Ziele und oder Ergebnisse
fixiert sind, blockieren wir die Dinge, die Lösungswege
und uns selbst. Loslassen können ist nicht Beliebigkeit
oder Resignation. Loslassen, also sich lösen, ist ein Teil der
Lösung im wahrsten Sinne des Wortes.

Menschen, die sowohl entschlossen sein als auch loslassen
können, sagen sich: »Wenn es dieses Mal nicht klappt,
dann vielleicht nächstes oder übernächstes Mal, oder
anders als ich es mir jetzt vorstelle.«

Das macht sie innerlich frei. Sie vertrauen darauf, dass
es gut werden wird, und es kommt nicht darauf an, wie
lange es dauert oder auf welche Weise es geschieht.

Zielen und Lösen

Sind Sie auf ein wichtiges Ziel ausgerichtet? Haben Sie
einen Herzenswunsch?

Tun Sie alles in Ihrer Macht Stehende, damit es klappt –
und dann sagen Sie sich: »Ich brauche es nicht unbedingt,
um glücklich zu sein.« Dann vergessen Sie es und wenden
Sie sich etwas anderem zu, und in den meisten Fällen
werden sich die entsprechenden Ereignisse und »Zufälle«
einstellen.

In Balance kommen

 ## Wir haben es selbst in der Hand

Wenn du etwas machen musst,
dann mach es richtig und mit ganzem Herzen.
Und dann tue etwas ganz Gegensätzliches, damit dein
Leben wieder ins Gleichgewicht kommt.
Wenn du viel gelesen hast, lauf über eine Wiese.
Wenn du viel mit anderen zusammen warst,
bleib eine Weile allein.
Wenn du viel gearbeitet hast, geh tanzen und feiern.
So findest du Gelassenheit.

Der sehr wirkungsvolle Rat
eines alten Franziskanerpaters

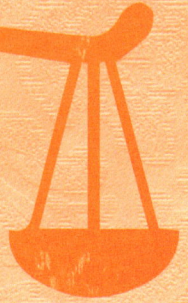

Pausenzeichen

Zu all unserem Tun, seien es berufliche Aufgaben oder private Tätigkeiten, gehört die Pause. Da Pausen Zeit »kosten«, haben sie bei vielen ein ähnlich negatives Image wie Wartezeiten, Verzögerungen, Verspätungen. Man hat ein schlechtes Gewissen, nicht ununterbrochen aktiv zu sein.

Doch ohne regelmäßige Pausen ist Erschöpfung vorprogrammiert. Ein guter Pausenrhythmus trägt uns durch den Tag und durch die Woche. Wer sich keine Pause gönnt oder glaubt, keine zu brauchen, macht sich etwas vor, das Gehirn schaltet nämlich bei Überlastung einfach ab.

Sicher kennen Sie das: Wir bleiben aktiv, sind aber nicht mehr effektiv. Es kommt einfach nicht mehr viel herum bei unserem Tun. Da wir es aber nicht wirklich unterbrechen, bleibt auch die Erholung aus. Und unterm Strich leisten wir weniger und sind erschöpfter, als wenn wir regelmäßige Pausen einlegen.

Ohne Pause und ohne Wechsel funktioniert kein Rhythmus. Alle Lebensbereiche sind von Rhythmen geprägt, der Schlaf- / Wachrhythmus unseres Organismus, Ebbe und Flut, Werden und Vergehen in der Natur, Musik, wiederkehrende Ereignisse im Kreislauf der Zeit. Rhythmen verbinden uns mit der Natur, mit dem großen Ganzen und miteinander. Sie geben uns Stabilität und Orientierung.

 ### Pause und Rhythmus

- Betrachten Sie Pausen als willkommene Gelegenheiten, Ihre Batterie wieder aufzuladen und das zu tun, was Ihnen guttut.
- Testen und überprüfen Sie ehrlich, welche Art von Pause für Sie wirklich erholsam ist und Sie für den weiteren Tagesverlauf stärkt. Entscheidend ist, wie Sie sich am Ende der Pause fühlen!
- Schaffen Sie für sich und Ihre Familie wohltuende Tages- und Wochenabläufe mit gemeinsamen Haltepunkten.
- Was sagt Ihr eigener Biorhythmus: Wann sind Sie wach und leistungsfähig, wann schaltet Ihr Organismus auf Standby?

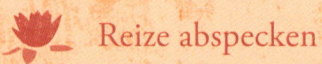

Reize abspecken

Menschen verbringen umso mehr Zeit vor Fernseher und IT-Medien, je gestresster sie sich fühlen. Können wir uns scheinbar zu nichts anderem mehr aufraffen, suchen wir zappend vor dem Fernseher oder Tablet Erholung. Doch die bleibt aus. Ganz im Gegenteil: das Meer aus Bildern, Geräuschen und anderen Signalen überflutet unseren Geist, sodass wir dabei erschöpft und gereizt werden. Dieser negative Effekt wird noch dadurch verstärkt, dass wir in dieser Zeit wichtige und angenehme Dinge vernachlässigen. Dadurch fühlen wir uns frustrierter und unzufriedener als vorher.

Eine »Medien-Diät« hilft dabei, wieder zu lernen, was uns wirklich guttut:

Reizarme Zeiten

Testen Sie für 4 bis 6 Wochen, was Sie alles tun können, wenn Sie an ein, zwei Abenden auf Fernsehen und Medien verzichten. Wie viel Erholung und Lebensfreude gewinnen Sie so?

Scheuen Sie sich gerade bei den ersten Versuchen nicht, einfach herumzudümpeln und vielleicht auch Langeweile zuzulassen. Langeweile kann sehr erholsam sein, ihre kultivierte Version heißt Muße.

Nehmen Sie wahr, welche Gedanken, Gespräche, Tätigkeiten und Verfassungen dabei zustande kommen, die es sonst nicht gegeben hätte.

Bewegung und Natur gegen Kopfkino

Sich körperlich anzustrengen und den Körper zu spüren, vermittelt uns auf der physischen Ebene, was es bedeutet, beweglich im Leben zu sein. Dazu braucht es keinen ambitionierten Leistungssport. Es geht um Bewegung, die Freude bereitet und den Organismus aktiviert, wie beispielsweise schwimmen, tanzen oder ein flotter Spaziergang. Schon nach einer Stunde Bewegung – vorzugsweise in der Natur – sind wir möglicherweise körperlich erschöpft und müde, aber psychisch fit und zufrieden.

⚬ Körperliche Anstrengung und sportliche Betätigung bewirken Konzentration: Während Sie Atmung, Puls, Schritt, Herzfrequenz und die Beanspruchung Ihrer Muskeln und Gelenke spüren, nimmt das Kreisen Ihrer Gedanken ab. Die Bewegung befreit den Geist und lässt die Seele aufleben.

⚬ Sind wir sehr aufgewühlt und beansprucht, verarbeitet das Gehirn zunächst noch das Tagesgeschehen. Doch nach etwa 20 Minuten zeigen sich Veränderungen, die Gedanken kommen zur Ruhe, und es erscheinen wieder positive Bilder.

⚬ Egal, worin Ihr Stress hauptsächlich besteht – in der Natur sein hat eine beruhigende Wirkung auf alles und eignet sich in jedem Fall als ausgleichender Gegenpol.

⚬ Schon ein Blick in die freie Natur kann uns in angespannten Situationen beruhigen. In Japan entwickelt sich der intensive Aufenthalt im Wald als »Waldbaden« zu einer beliebten Stressbewältigungsmethode.

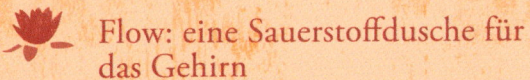

Flow: eine Sauerstoffdusche für das Gehirn

In unserer Welt der tausend Ablenkungen setzen wir gern auf Multitasking, statt unsere Sinne und unsere Aufmerksamkeit auf das zu richten, was wir gerade tun. Indem wir versuchen so viel wie möglich gleichzeitig zu erledigen, vergessen wir, wen wir anrufen wollten oder dass wir schon vor einer halben Stunde etwas trinken wollten. Sind wir hingegen ganz konzentriert bei einer Tätigkeit (wie Kinder beim versunkenen Spielen), ist das wie eine Sauerstoffdusche für unser Gehirn. Diese Situationen, in denen wir ganz in unserem Tun aufgehen, werden Flow (Fließen) genannt.

In Flow können wir über alle möglichen Beschäftigungen kommen:
Basteln, Malen, Tauchen, Stricken, Gartenarbeit, Kochen, Komponieren …

Wichtig ist lediglich, dass Sie sich dieser Tätigkeit freiwillig, mit Freude und um ihrer Selbst willen widmen, und nicht auf ein bestimmtes Ergebnis fokussiert sind.

Persönliche Glücksmomente schaffen

Was sind Ihre persönlichen Flow-Momente

- o mit Kindern spielen?
- o knifflige Denksportaufgaben lösen?
- o beim Waldspaziergang jedes Detail aufnehmen?
- o ein Instrument spielen?
- o neue Rezepte ausprobieren?

Machen Sie sich diese Situationen bewusst. Stellen Sie sich Ihre persönliche Liste zusammen.
Sobald Sie sich gestresst oder schlecht gestimmt fühlen, setzen Sie eine dieser Aktionen in die Tat um.

Dazu braucht es aber gar nicht zu kommen, wenn Sie sich regelmäßig genau diese Situationen als Ihre persönlichen Glücksmomente gönnen.

Pendeln zwischen Selbstdisziplin und Selbstbelohnung ist Lebenskunst

Selbstdisziplin ist ein Tauschhandel zwischen sofortigem Vergnügen und langfristiger Belohnung.

- Auch wenn Sie große Lust haben, shoppen zu gehen, sparen Sie das Geld für Ihre Traumreise.
- Ihre Kolleginnen treffen sich zum Stammtisch, doch Sie stellen Ihre Präsentation fertig.
- Auch wenn es Ihnen schwerfällt, Ihre freien Wochenenden dafür herzugeben, melden Sie sich für eine mehrteilige Fortbildung an.

Selbstdisziplin in alltäglichen Dingen ist zwar eine Voraussetzung dafür, dass wir unseren größeren Zielen näher kommen. Sich ständig und um jeden Preis mit eisernem Willen zu disziplinieren kann jedoch auch in Überforderung und Stress münden. Gerade disziplinierte Menschen meinen dann oft, sich noch mehr zusammenreißen zu müssen.

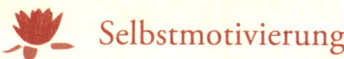 Selbstmotivierung

Nur nach Lust und Laune zu agieren stellt die meisten Menschen auch nicht zufrieden, weil ihr Tun dadurch beliebig wird und sie ihre Talente und Kräfte nicht ausleben. Ihnen geht das Hochgefühl verloren, das sich nach einer Leistung, für die man sich angestrengt hat, einstellt. Resiliente Menschen sind dagegen in der Lage, je nach Kontext und Erfordernissen zwischen Selbstkontrolle und Spontanität, zwischen späterer Belohnung und sofortigem Genuss zu pendeln.

 5 Schritte zur Balance für Disziplinierte

Wenn Sie glauben, erst alle Pflichten und Vorsätze erfüllen zu müssen, bevor Sie sich erfreulichen und wohltuenden Dingen zuwenden:

1 Planen Sie nicht erst am Ende, sondern schon nach Etappenzielen kleine Belohnungen ein.

2 Nehmen Sie wahr, wenn Sie müde oder erschöpft sind. Gönnen Sie sich dann die nötige Ruhe, bevor Sie weitermachen.

3 Nehmen Sie sich täglich Zeit für kurze freundliche Kontakte zu anderen Menschen. Ein Schwätzchen, ein Gruß, eine kurze Nachricht können wie eine Erfrischung zwischendurch wirken.

4 Erledigen Sie die Dinge nicht grundsätzlich so gut wie möglich, sondern so gut wie nötig.

5 Tun Sie jeden Tag etwas nur zu Ihrem Vergnügen.

 ## 5 Schritte zur Balance für Genießer

Wenn Sie sich durch momentane Gelegenheiten und Annehmlichkeiten leicht von Ihren Zielen und Vorsätzen ablenken lassen:

1 Legen Sie schriftlich fest, was genau Ihr längerfristiges Ziel ist und bis wann Sie es erreicht haben wollen.

2 Führen Sie sich jeden Tag vor Augen, wie es dann sein wird. Wählen Sie ein Bild, ein Symbol oder ein Motto, das Sie daran erinnert.

3 Wenn Sie eine Pause einlegen, legen Sie fest, mit welchem Schritt Sie wann weitermachen.

4 Planen Sie schon nach Etappenzielen kleine Belohnungen ein, damit Sie nicht die Lust am Ziel verlieren.

5 Leisten Sie jeden Tag wenigstens einen kleinen Beitrag für Ihren Vorsatz oder Ihr Ziel.

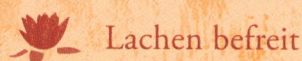

Lachen befreit

Das einfachste und angenehmste Mittel, um seine Lebensgeister zu wecken und wieder in Balance zu kommen, ist Lachen. Lachen befreit aufgestaute Emotionen. Es lockert die Muskeln, versorgt das Gehirn mit Sauerstoff und setzt Glückshormone frei.

Lachseminare und Lachyoga sind entstanden, weil man festgestellt hat, wie viele Heilkräfte im Lachen freigesetzt werden. Wer auch ohne solche Angebote häufig und regelmäßig lacht, sind Kinder. Sie lachen durchschnittlich 20-mal häufiger als Erwachsene.

Doch mittlerweile scheint in unserer Kultur schon den Vorschulkindern das Lachen zunehmend zu vergehen. Je mehr dieses natürliche Ventil sich abzureagieren fehlt, desto stärker reagieren sie unkonzentriert oder aggressiv.

Lachen ist tiefer als lustig sein. Es verbindet. Und es steckt an. In Gesellschaft lachen wir deutlich mehr, als wenn wir alleine sind.

> Lachen ist eine körperliche Übung
> von großem Wert für die Gesundheit.
>
> *Aristoteles*

Entspannen durch Lachen

- Was oder wer bringt Sie zum Lachen?
- Mit wem können Sie besonders gut albern sein?
- Lassen Sie sich anstecken von Menschen, die fröhlich sind und gerne lachen.

Damit Ihnen das Lachen nicht vergeht, gewinnen Sie unliebsamen Alltagssituationen ihre komische Seite ab:

- Welche Gags würden Autor oder Regisseur einer Komödie daraus machen?
- Erzählen Sie diese Begebenheiten doch mal als lustige Variante weiter, statt sich darüber zu beklagen.
- So bringen Sie auch noch andere zum Lachen. Etwas Besseres können Sie gar nicht für sie tun.

Verantwortung für mich selbst

 ## In meinem Königreich regiere ich

Verantwortlich sind Sie für alles, was Sie beeinflussen können. Dazu gehören Ihre Gedanken, Ihre Gefühle, Ihre Reaktionen. Die sind aber auch Ihr Königreich. Niemandem steht es zu, Ihnen diese abzusprechen, sie in Frage zu stellen oder schlechtzumachen.

Es ist einfach, anderen zuzuschieben, was unsere eigene Sache ist, und sich dahinter zu verstecken. Wer Verantwortung für sich selbst übernimmt, bekennt Farbe und nimmt das Heft des Handelns in die Hand.

Statt zu nörgeln »Der Vortrag dauert jetzt schon eine halbe Stunde länger als geplant. Das ist doch für alle eine Zumutung. Dass die Leute sich das gefallen lassen!«, sprechen und handeln Sie selbstverantwortlich: »Mir dauert das zu lange, ich gehe jetzt.«

Statt sich allgemein über eine Kollegin zu beschweren »Kein Wunder, dass keiner mit ihr zusammenarbeiten will. Sie sucht sich ja immer die Rosinen raus, und die anderen können den Rest machen«, übernehmen Sie Ihren Teil der Verantwortung für die Zusammenarbeit: »Wenn ich mit ihr in einer Schicht bin, bespreche ich von vornherein mit ihr die Arbeitsverteilung.«

Statt der generellen Nachrede »Er merkt gar nicht, wie überheblich und verletzend er ist. Mir tut ja vor allem seine Sekretärin leid. Was die sich alles gefallen lässt!« ziehen Sie Ihre eigenen Konsequenzen: »Wenn er etwas sagt, was mich kränkt, mache ich ihn darauf aufmerksam.«

 ## Für sich selbst einstehen

Alles, was Sie beeinflussen können, liegt in Ihrer Verantwortung. Dazu gehören: Ihre Gedanken und Gefühle. Ihr Anteil im Umgang mit anderen. Die Art und Weise, wie Sie auf das reagieren, was Sie nicht beeinflussen können. Verantwortung für sich selbst übernehmen bedeutet:

- Machen Sie sich Ihre eigenen Gedanken.
- Nehmen Sie Ihre eigenen Gefühle wahr.
- Wählen Sie Ihre Reaktion und stehen Sie dazu.

So stärken Sie Ihr Selbstvertrauen und werden innerlich zunehmend unabhängiger von der Meinung anderer. Sie gewinnen Kontur und verschaffen sich Respekt.
Und Sie geben sich selbst die Freiheit, echt und integer zu sein.

Verantwortung statt Schuldzuweisung

Wenn es nicht so läuft wie gewünscht, wenn wir uns aufregen, verärgert oder enttäuscht sind, ist es manchmal verlockend, anderen die Schuld daran zu geben. Es scheint auf den ersten Blick ein Ventil zu sein, das Entlastung bringt. Wenn jemand anderes schuld ist, dann bin ich aus dem Schneider. Mein Ärger oder Zorn scheinen berechtigt.

⚡ Jemand hat den Hocker da stehen lassen. Deshalb bin ich gestolpert.
⚡ Meine Freundin hat mich im Stich gelassen. Deshalb bin ich unglücklich.
⚡ Mein Kollege hat mich aufgehalten. Deshalb komme ich zu spät zur Sitzung.

Doch wenn wir genauer hinschauen, zementieren solche Schuldzuweisungen nur die Situation. Sie rücken andere in ein schlechtes Licht, ändern aber nichts. Sie ermöglichen es, den eigenen Anteil zu leugnen und so weiterzumachen wie bisher. Das aber führt in der Regel zu ähnlich ungünstigen Ergebnissen.

Erst wenn ich Verantwortung übernehme für mein eigenes Verhalten, kann ich selbst etwas ändern. Der Weg dahin führt über manchmal unbequeme Einsichten:

♥ Zwar hat jemand den Hocker dort stehen lassen, aber ich habe nicht aufgepasst, wo ich hingehe.
♥ Meine Freundin hat sich keine Zeit für mich genommen, aber ich habe die Wahl, wie ich damit umgehe.
♥ Ich bin so spät losgefahren, dass ich in keinem Fall pünktlich gewesen wäre.

Verantwortung übernehmen

Statt anderen Schuld zuzuschieben oder Vorwürfe zu machen, schauen Sie, was und wie Sie selbst zu dem, was Ihnen widerfahren ist, beigetragen haben.

Betrachten Sie Situationen realistisch und übernehmen Sie ohne Ausflüchte und Rechtfertigungen Verantwortung für **Ihren** Anteil. Dann wissen Sie, was Sie in ähnlichen Situationen zu tun haben, wenn Sie wirklich etwas ändern wollen.

Aktiv gestalten setzt Kräfte frei

- »Immer passiert mir so etwas!«
- »Die anderen sind besser dran, die haben gut reden!«
- »Hätten meine Eltern mich studieren lassen, bräuchte ich heute nicht …«

Menschen, die sich mit solchen Gedanken und Äußerungen im Kreis drehen, stecken in der Opferrolle fest. Sie fühlen sich benachteiligt, schlecht behandelt, zu kurz gekommen. Überzeugt davon, dass sie selbst in ihrer bedauernswerten Lage nichts tun können, erwarten sie, dass andere ihre Probleme lösen. Weil ihnen jedoch die Bereitschaft fehlt etwas zu ändern, werden deren Lösungsvorschläge nie gut genug sein.

Raus aus der Opferrolle

Die Opferrolle wirkt nicht sehr angenehm, und doch gibt es Menschen, die sich darin häuslich einrichten. Sie hat nämlich einen großen Vorteil: Bequemlichkeit. Es ist bequem, vor sich hin zu nörgeln und zu jammern, ohne Konsequenzen zu ziehen. Es ist bequem, anderen die Schuld zuzuschieben, wenn es einem nicht gut geht. Es ist bequem, sich passiv in Selbstmitleid einzuigeln.

Das Leben selbstbestimmt zu gestalten ist nun einmal mit einigen Unbequemlichkeiten verbunden. Wer handelt, kann Fehler machen. Wer sich exponiert, setzt sich der Kritik aus. Es kann anstrengend sein, offen für sich einzustehen. Doch sobald Sie die Verantwortung für sich und Ihre Reaktionen übernehmen und Ihr Leben aktiv gestalten, sind Sie aus der Opferrolle heraus.

Das können Sie an ganz einfachen Alltagsbeispielen üben, in denen zurückhaltende Menschen es oft vorziehen, nichts zu sagen und gute Miene zu machen. Hinterher ärgern sie sich dann oft, dass sie das einfach so über sich haben ergehen lassen.

Es geht nicht darum, zu Querulanten zu werden, die sich über jede Kleinigkeit aufregen und andere belehren oder gar zurechtweisen. Es geht darum, dass man etwas nicht nur deshalb hinnimmt, weil man sich nicht traut, zur eigenen Wahrnehmung oder Meinung zu stehen.

Die Komfortzone verlassen

Üben Sie, sich zu positionieren, ohne aggressiv gegen andere zu werden. Gestehen Sie sich zu, sich zu äußern und Ihre Interessen zu vertreten. Je klarer Sie sich darüber sind, was Ihr Erleben und was Ihre Absicht ist, desto leichter und selbstverständlicher werden Sie für sich selbst einstehen – ohne Vorwurf oder Feindseligkeit anderen gegenüber.

- Das Essen im Restaurant schmeckt Ihnen nicht.
- Eine Verkäuferin behandelt Sie herablassend.
- Sie fühlen sich zu Unrecht kritisiert.
- Ein Kunde drängelt sich an der Kasse vor.
- Sie fühlen sich vom Partner einer Freundin beleidigt.
- ….

Welche Beispielsituationen aus Ihrem Leben fallen Ihnen ein, die Sie nicht mehr stillschweigend hinnehmen wollen?

Sie müssen gar nichts!

Außer Ihren unwillkürlichen Körperfunktionen wie Atmen usw. müssen Sie gar nichts. Diese Tatsache lässt das ganze Ausmaß Ihrer Selbstverantwortung erkennen.

Sie sind frei und haben immer eine Wahl – wenn Sie bereit sind, die Konsequenzen dafür zu übernehmen. Der Eindruck »Mir bleibt nichts anderes übrig« heißt nur, dass Sie die Konsequenzen, die sich aus den Alternativen ergeben, ablehnen. Also haben Sie schon gewählt.

- Sie glauben, die Wäsche machen zu **müssen**?
- Sie glauben die Statistik noch heute fertig stellen zu **müssen**?
- Sie glauben Ihre Tochter spät nachts von der Party abholen zu **müssen**?

Hören Sie auf sich vorzumachen, dass Ihnen nichts anderes übrig bleibt. Damit bugsieren Sie sich selbst in die Opferrolle.

In Wahrheit haben Sie sich (unbewusst) entschieden, dass Sie sich mit sauberen Sachen im Schrank besser fühlen, dass Sie keinen Ärger mit Ihrem Chef wollen, dass Sie Ihre Tochter sicher und beschützt haben wollen.

Mit Ihrem nur scheinbar alternativlosen Tun folgen Sie Ihren wahren – manchmal unbewussten – Werten. Das ist Freiheit und Selbstbestimmung. Sie brauchen sich das nur bewusst zu machen und dazu zu stehen.

Zukunft gestalten

 ## Zukunftsräume

»Ich habe eine Zukunft!« Von dieser Erkenntnis war eine meiner Coaching-Klientinnen so ergriffen, dass sie an allen möglichen Orten Zettelchen mit diesem Satz hinterlegte, im Portemonnaie, in der Besteckschublade, auf dem Nachttisch, am Spiegel. Sie befand sich schon seit einiger Zeit in einer Lebenssituation, in der sie sich zutiefst unglücklich und gering geschätzt fühlte. Bis dahin war sie davon ausgegangen, diesen Zustand endlos ertragen zu müssen. Und sie fragte sich, woher sie die Kraft dafür nehmen sollte.

Doch nichts musste so bleiben. Die Aussicht auf eine Zukunft, in der sie diesen Zustand verändern konnte, ließ sie aufleben. Energie und Tatkraft kehrten zurück, sie entwickelte sehr konkrete Vorstellungen, wie sie sich aus ihrer Erstarrung lösen konnte.

Die gedankliche Blockade war überwunden. Für die konkrete Veränderung galt es dann, in der Gegenwart aktiv zu werden und zu handeln.

Meine Kraft schöpfe ich
aus Ideen für die Zukunft,
nicht aus den Leistungen,
die hinter mir liegen.

Reinhold Messner

 ## Weichen stellen

Wenn Sie sich immer wieder mit vergangenen Vorkomm-
nissen beschäftigen, lassen Sie Ihre Kraft und Energie
nutzlos versickern. Denn die Vergangenheit ist definitiv
nicht mehr zu ändern. Ihre Gestaltungsmöglichkeiten liegen in der Gegenwart und wirken sich auf die Zukunft aus.

Die Zukunft ist der Zeitraum, in dem alles anders werden
und sein kann. Sie bietet Raum für eigene Träume und
Vorstellungen, für neue Ideen und Pläne, für Veränderung
und Entwicklung.

Natürlich kann niemand vorhersehen, was im Einzelnen
die Zukunft bringt. Doch mit allem, was Sie heute be-
schließen und tun, nehmen Sie Einfluss auf die Zukunft,
nicht nur auf Ihre eigene, sondern auch auf die der
Menschen in Ihrem Umfeld.
Sie stellen die Weichen, in welche Richtung es weitergehen soll. Und mit jedem Schritt, den Sie gehen,
beeinflussen Sie, welche Türen sich öffnen.

Der Haken:
➤ Sie wissen am Anfang noch nicht, wie es ausgehen wird.
➤ Sie können noch nicht abschätzen, ob es sich lohnen
wird.

➡ Sie überblicken aber auch noch nicht, welche überraschenden Möglichkeiten sich noch ergeben.

Das ist das Geheimnis der Zukunft.

Handeln ohne Garantie

○ Es entspricht unserer menschlichen Verantwortung, die Initiative zu ergreifen und den bestmöglichen Einfluss auf die Zukunft zu nehmen. Tragfähige Motivation stellt sich ein, wenn wir etwas tun, und nicht, wenn wir daran denken, etwas zu tun. Ein kleiner Schritt, der tatsächlich getan wird, bewegt mehr als tausend kluge Diskussionen oder zögerliche Bedenken.

○ Loslegen und handeln weckt Begeisterung. Gleichzeitig stellen sich dann neue Möglichkeiten ein, an die Sie nie gedacht hätten.

○ Wenn Sie auf die Garantie warten, dass nichts schiefgehen kann, werden Sie niemals für etwas absolut bereit sein.

○ Bereiten Sie sich vor so gut Sie können, holen Sie tief Luft und wagen Sie den Sprung ins Ungewisse.

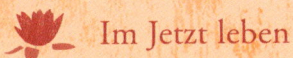

Im Jetzt leben

Manchmal glauben wir, **alle** Zeit und Energie aufbringen zu müssen, um ein fernes Ziel zu erreichen. Wer passiv auf bessere Zeiten wartet, wenn dies oder jenes erst einmal geschafft ist, verpasst das Leben, das gerade jetzt stattfindet!

- »Wenn erst die Prüfung bestanden ist …«
- »Wenn der nächste Karrieresprung geschafft ist …«
- »Wenn ich 15 Kilo abgenommen habe …«

Schieben Sie nicht das Leben auf bis nach einem bestimmten Ereignis oder Ergebnis. Sobald eine Sache erreicht ist, steht nämlich schon die nächste auf dem Plan. Quälen Sie sich nicht mit Sorgen um Ungewissheiten, von denen Sie nicht wissen können, ob sie je eintreten. Ständig darüber zu grübeln, was eventuell passieren könnte, verhindert nichts. Es macht nur ängstlich und verzagt, bevor überhaupt etwas geschehen ist.
Flüchten Sie sich nicht vor aktuellen Anforderungen oder Gegebenheiten in nutzlose Zukunftsträumereien und Phantasien.
Damit es besser wird und Ihre besten Vorstellungen Wirklichkeit werden, braucht es das entschlossene Handeln in der Gegenwart. Die Kunst besteht darin,

Balance zu finden zwischen der Ausrichtung auf die Zukunft und dem Leben in der Gegenwart.

 ## Den Weg zum Ziel bereiten

Wann immer Sie sich auf ein ferneres Ziel ausrichten:

Machen Sie sich bewusst, was der Gewinn ist, wenn Sie durchhalten. Nähren Sie die Freude daran.

Und gleichzeitig schaffen Sie sich auf dem Weg dahin kleine augenblickliche Lebens-Inseln:

- Treffen Sie sich mit Freunden.
- Spielen Sie mit Ihren Kindern.
- Widmen Sie sich einem ganz persönlichen Interesse.

Vielleicht ist die Zeit dafür sehr begrenzt, aber geben Sie es nicht ganz auf. Viele wichtige Momente der Gegenwart sind unwiederbringlich.

> *Keine Zukunft vermag gutzumachen,*
>
> *was du in der Gegenwart versäumst.*
>
> *Albert Schweitzer*

Der Zauber des Anfangs

Manchmal sind wir einfach überzeugt von einem Ziel
und legen los. Manchmal können wir uns aber nicht so
ohne weiteres aufraffen, obwohl wir ein Vorhaben als gut
und sinnvoll erachten. Der Weg scheint zu mühsam, zu
lang, zu langweilig.

- Wir wären froh, wenn der Kleiderschrank
endlich ausgemistet wäre.
- Wir wollten immer schon die Fotos, CDs … sortieren.
- Wir wollen endlich Spanisch lernen, ein Bild malen,
eine Geschichte schreiben …

Wenn Sie nicht zu hundert Prozent diszipliniert sind
(und das ist keine gesunde Verfassung, weil die Balance
fehlt), fallen Ihnen sicher auch etliche solcher »Wollt-ich-
mal-Projekte« ein.

Mini-Schritte zum Erfolg

Der Trick besteht darin, einfach anzufangen.
Mit kleinen Schritten.

Es spielt keine Rolle, wenn Sie nicht fertig werden.
Vieles im Leben wird niemals »fertig« und ist trotzdem
schön und gut. Etwas anzufangen gibt Energie und
Schwung. Die gute Laune stellt sich ein, **nachdem** Sie
angefangen haben.

Dieses Prinzip gilt übrigens für aufgeschobene Vorsätze
und Aufgaben ganz allgemein. Ist erst einmal der Anfang
gemacht, ist es gar nicht mehr so schlimm. Legen Sie also
die Latte für die ersten Schritte so niedrig wie möglich.

Motivation veranlasst uns loszulaufen;

und Gewohnheit wird uns

ans Ziel bringen.

Zig Ziglar

Beziehungen gestalten

 Sie sind nicht allein!

So sehr wir auch aus uns selbst heraus Stärke ziehen können, wir schaffen nicht alles allein – und das müssen wir auch nicht. Fühlen wir uns bei uns wohlgesonnenen Menschen geborgen, laden wir auch unsere eigenen Kräfte auf, und unser Licht scheint heller.
Allein das Wissen und das Vertrauen, dass andere uns im Notfall zur Seite stehen, macht uns gesünder und trägt zur Heilung bei. Natürlich gibt es viele Lebenssituationen, die zu bestehen uns niemand abnehmen kann, wie verbunden und mitfühlend er auch sein mag:

- die Prüfung
- das Bewerbungsgespräch
- die Erkrankung
- der Tod eines nahestehenden Menschen
- …

Andere können vielleicht aufgrund ihrer Erfahrungen mit Ihnen Dinge durchdenken, Rat geben, mit gutem Essen versorgen, ihre Zeit schenken, Trost und Zuspruch geben, tatkräftig unterstützen. Durchleben müssen Sie solche Situationen selber. Wahrscheinlich fühlten oder fühlen Sie sich zeitweise auch allein damit. Und dennoch – wie unendlich tröstlich ist es zu wissen, dass andere an uns denken, mit uns fühlen, uns ermutigen, dass gute Wünsche uns begleiten.

Menschliche Reserven

Die Grundlage dafür, dass Sie positive bis überwältigende Erfahrungen mit Unterstützung und Hilfsbereitschaft machen können, schaffen Sie selbst durch die Art und Weise, wie Sie im Leben Ihre Beziehungen gestalten. Sammeln Sie einmal in Gedanken oder besser noch schriftlich: Menschen,

→ die mir einen Gefallen getan haben
→ von denen ich gelernt habe
→ die mich gefördert haben
→ die mich aufgeheitert haben
→ die mich ermutigt haben
→ die mir geholfen haben
→ die an mich gedacht haben
…

Wie sieht Ihr Beziehungsnetz aus? Wenn Ihnen zu mehreren Punkten jemand einfällt, sind Sie reich. Auch in den größten Wogen des Lebens standen und stehen Sie nicht allein da.

Erhalten Sie sich diesen Schatz.

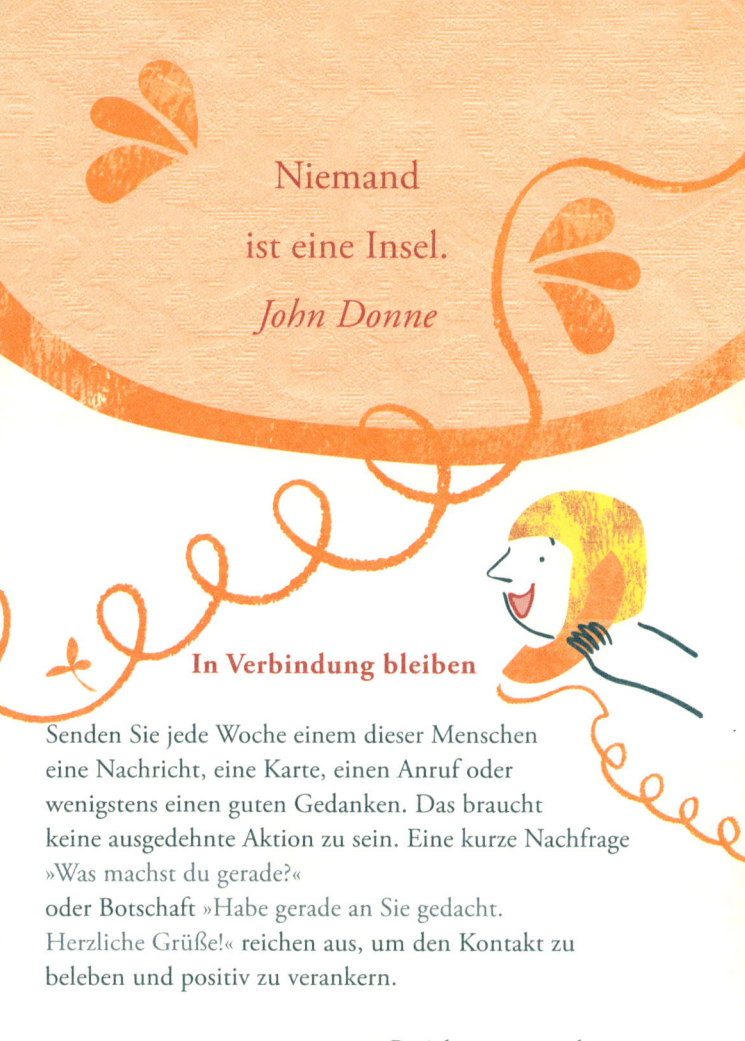

> # Niemand
> ## ist eine Insel.
> *John Donne*

In Verbindung bleiben

Senden Sie jede Woche einem dieser Menschen
eine Nachricht, eine Karte, einen Anruf oder
wenigstens einen guten Gedanken. Das braucht
keine ausgedehnte Aktion zu sein. Eine kurze Nachfrage
»Was machst du gerade?«
oder Botschaft »Habe gerade an Sie gedacht.
Herzliche Grüße!« reichen aus, um den Kontakt zu
beleben und positiv zu verankern.

Verbundenheit schaffen

Ob Sie sich dessen bewusst sind oder nicht, Sie profitieren auch von dem, was Sie für andere tun. Diese »guten Taten« sind ein Gewinn für alle Beteiligten.
Wer fällt Ihnen ein zu:
Menschen, ↦ denen ich einen Gefallen getan habe
↦ die von mir gelernt haben
↦ die ich gefördert habe
↦ die ich aufgeheitert habe
↦ die ich ermutigt habe
↦ denen ich geholfen habe
↦ an die ich gedacht habe
↦ denen ich ein spontanes Lächeln geschenkt habe
↦ denen ich ein Kompliment gemacht habe
↦ für die ich etwas Leckeres gekocht habe
↦ denen ich etwas spendiert habe
…

Welche Gefühle regen sich, wenn Sie diese Liste auf sich wirken lassen?
Mag sein, dass Sie voll Zufriedenheit auf Ihren Einsatz zur Gestaltung Ihrer Beziehungen schauen.
Mag sein, dass Sie entdecken, wo Sie Ihren Beitrag erweitern oder positiv verändern können.

Verbindung herstellen

Die nebenstehende Liste gibt Ihnen Anregungen, was Ihr
positiver Beitrag zu guten Beziehungen sein kann und
wie Sie Ihre aktiven Gestaltungsmöglichkeiten nutzen
können, um Ihr Beziehungsnetz dichter zu spannen.

○ Nehmen Sie sich nicht zu viel auf einmal vor.
Betrachten Sie es als einen erfolgreichen Tag in Sachen
Beziehungen gestalten, wenn Sie am Abend sagen können,
dass Ihnen eines aus der Liste gelungen ist.
○ Konzentrieren Sie sich zunächst auf Menschen,
bei denen es Ihnen leicht fällt.
Und wenn jemand Ihnen gar nicht sympathisch ist? Dazu
finden Sie Anregungen auf den nächsten Seiten.
○ Je mehr Sie sich der wohltuenden Wirkung solcher
Aktionen für alle Beteiligten bewusst werden, desto
mehr davon werden Sie mit Vergnügen und Selbstver-
ständlichkeit tun.

Manchmal hängt es einfach davon ab, dass Ihnen in den
betreffenden Situationen die entsprechenden Möglichkeiten einfallen. Und das ist eine Frage der Übung.

 ## Geben und Nehmen lernen

Verbundenheit mit anderen Menschen zu spüren macht dankbar und vertrauensvoll und öffnet unser Herz. Dafür spielt es keine Rolle, ob wir gerade etwas bekommen oder etwas beisteuern.

In unserer Kultur wird Geben und Nehmen häufig wie ein Deal betrachtet, im Sinne von »Eine Hand wäscht die andere«. Wo es aber Beziehungen von innen heraus und in Verbundenheit gestaltet und prägt, funktioniert es anders.

Geben und Nehmen sind nicht nur Tätigkeiten, es sind auch Fähigkeiten. Den meisten Menschen fällt eines davon leichter als das andere.

> Die Art des Gebens ist wichtiger
> als die Gabe selbst.
> *Pierre Corneille*

Geben

Manche sind vom Geben enttäuscht. Sie haben den
Eindruck: »Ich habe so viel gegeben und nichts zurück-
bekommen.« Diese Menschen haben eine innere Bilanz
aufgemacht. Sie erwarten, dass Personen, denen sie
etwas zukommen lassen, sich in etwa gleichem Maße
revanchieren.

Andere betrachten sich als großherzige Geber, wenn sie
anderen zuteilen, was sie selbst nicht mehr haben wollen.
Aber sagen Sie selbst:

➤ Teilen Sie mit Ihrem Kind die leckere Schokolade
von Ihrer beider Lieblingssorte? Oder geben Sie ihm
erst dann den Rest ab, wenn Sie selbst kein Stück mehr
herunterbekommen?
➤ Schenken Sie einer lieben Freundin gern spontan eines
Ihrer Tücher, das ihr sehr gefällt? Oder würden Sie ihr
nur etwas überlassen, das Sie selbst aussortiert haben?

Zum Nutzen anderer das weggeben, was man nicht mehr
braucht oder nicht mehr mag, ist ganz in Ordnung.
Geben mit Blick auf Beziehungen gestalten bedeutet
allerdings auch zu teilen, was man gerne hat.

Geben macht Studien zufolge dann glücklich, zufrieden und gesund, wenn es freiwillig geschieht und ohne die Erwartung, dass es sich auf der Stelle auszahlt.

Beglückendes Geben geschieht ohne Bedingungen. Es ist erfüllt von Dankbarkeit, dass wir in der glücklichen Lage sind, anderen aus freien Stücken dienlich zu sein.

 ### Nehmen

Menschen, die sich mit dem Nehmen schwertun, wollen häufig niemandem etwas schuldig sein. Sie halten es für ein Zeichen von Schwäche oder Abhängigkeit etwas von anderen ohne Gegenleistung zu bekommen. Sie bevorzugen die Rolle der Immer-Starken und Eigenständigen.

Doch es zeugt gerade von innerer Stärke, etwas dankbar annehmen zu können, was einem von Herzen gegeben wird.
Ob Sie gerade in einer schwierigen Lage sind oder ob es Ihnen bestens geht:
Lassen Sie zu, dass andere etwas für Sie tun, ohne mit

einer entsprechenden Gegenleistung die Bilanz unterm Strich wieder auf null zu bringen.

Zeigen Sie Vertrauen, Würde und aufrichtige Dankbarkeit. Sie machen damit auch die Geber froh. Gelegenheiten, andere zu beglücken, bieten sich an anderer Stelle und mit anderen Menschen genug.

 ### Wahre Freunde erkennen

Beziehungen sind nicht per se erleichternd oder unterstützend. Menschen unterscheiden sich, es ist keineswegs so, dass alle Menschen Ihnen guttun oder dass Sie ihnen nützen.

Wenn Sie aufblühen wollen, dann
→ mehren Sie die Kontakte mit Menschen, die Sie blühen lassen, die Sie aufbauen und die ehrlich an Ihnen und Ihrem Wohlergehen interessiert sind.
→ halten Sie sich fern von solchen, die Sie entmutigen, die Sie kleinmachen und die kein ernsthaftes Interesse an Ihnen haben.

So einfach soll das sein? Man kann doch nicht all denen einfach aus dem Weg gehen!
Nun, manchen schon. Man kann Beziehungen, die nicht oder nicht mehr tragen, beenden.

Anderen, denen Sie im Alltag dennoch begegnen, seien es Ihre Kollegin oder der Lebensgefährte Ihrer Schwester, gehen Sie eben innerlich aus dem Weg. Sie können sich distanzieren, ohne feindselig zu sein: Halten Sie sich mit vertraulichen Themen zurück und erzählen Sie nicht von Ihren noch nicht ausgereiften Ideen. Nehmen Sie die Aussagen und Kommentare dieser Menschen nicht persönlich.

Sie müssen sie nicht als schlechte Menschen verurteilen – aber Sie selbst entscheiden für sich, wem Sie wie nahe sein wollen.

Versöhnlichkeit den Weg bahnen

Wie kommt es eigentlich, dass es uns manchmal schwerfällt, positiv auf jemanden einzugehen, obwohl derjenige
uns in keiner Weise angreift oder bedroht? Welche typi-
schen Umstände sind da gegeben?

- Jemand handelt anders, als es Ihren Vorstellungen und
Erwartungen entspricht (und bereitet Ihnen damit, vielleicht nur indirekt, Schwierigkeiten).
- Jemand nimmt sich Freiheiten heraus, die Sie sich niemals erlauben würden (selbst, wenn es verlockend wäre).
- Jemand erinnert Sie an eine Person, von der Sie sich
verletzt oder attackiert fühlten (Er oder sie hat damit gar
nichts zu tun, löst aber das »alte« Gefühl bei Ihnen aus).

Konflikte mit anderen Menschen beschäftigen uns auf
unangenehme Weise, binden unsere Aufmerksamkeit und
versetzen uns in Unruhe.
Anhaltende Auseinandersetzungen und Feindseligkeiten
können erwiesenermaßen sogar gravierende Herzerkran-
kungen nach sich ziehen.
Nachsichtig sein und Fehler verzeihen bringt inneren
Frieden und Heilung. Es lohnt sich, versöhnlich statt
nachtragend zu sein – allein schon Ihrer Gesundheit und
Ihrer Lebensfreude zuliebe.

Positiv entgegenkommen

Wie können Sie also authentisch und gleichzeitig positiv mit jemandem umgehen, den Sie nicht mögen?

Probieren Sie einmal den folgenden Perspektivenwechsel aus – vorausgesetzt, dass Sie einen positiveren Zugang zu der betreffenden Person finden möchten.

● Finden Sie drei Dinge, wofür Sie die Person schätzen könnten (mit etwas Aufmerksamkeit lassen die sich immer finden).
● Konzentrieren Sie sich auf diese positiven Punkte, immer wenn Sie die Person treffen, über sie sprechen oder an sie denken.

Mehr ist nicht zu tun. Forcieren Sie nichts und »zwingen« Sie sich nicht, die Person auf einmal nett zu finden oder zu mögen. Einfach nur auf die drei Punkte konzentrieren.

Lassen Sie sich überraschen, wie sich Ihre Beziehung entwickelt – und wie sich das Verhalten der anderen Person Ihnen gegenüber verändert.
Es mag verblüffend sein, aber es funktioniert.

Enttäuschungen zum Guten wenden

Ihre Erwartungen und Überzeugungen haben einen Ein-
fluss auf die Qualität Ihrer Beziehungen. Je festgefügter
Ihre Erwartungen an andere sind, desto mehr können sie
Ihr Verhältnis zueinander beeinträchtigen.

Erwarten Sie, dass Ihr Vater Sie regelmäßig um eine
bestimmte Zeit anruft, geraten Sie jedes Mal aus der
Fassung, wenn er das nicht tut.

Gehen Sie davon aus, dass Ihre Chefin Sie loben sollte,
sind Sie enttäuscht und frustriert, wenn diese Anerken-
nung ausbleibt.

Ent-täuscht zu sein bringt Ihnen Klarheit. Es bedeutet
nichts anderes, als dass Sie sich vorher ge-täuscht haben.
Dieses Bild können Sie nun geraderücken und realistisch
betrachten:
Es ist nicht die Aufgabe oder die Pflicht anderer
Menschen, Ihren Erwartungen zu entsprechen.

Die zweite Chance darin: Auch Sie müssen nicht den
Erwartungen anderer entsprechen.

So enthalten Enttäuschungen – wenn sich das unangenehme Gefühl verzogen hat – immer ihr Gutes. Sie machen uns darauf aufmerksam, wie die Dinge tatsächlich liegen und dass es unsere eigene Entscheidung ist, wie wir darauf reagieren.

Und so bringen sie uns letzten Endes Klarheit und Seelenfrieden.

Aufleben: Mit sich und dem Leben im Reinen

Um aufzuleben muss nicht alles geschafft, erreicht, optimiert sein.

Inneres Gleichgewicht können Sie jederzeit und in jeder Situation finden. Balance ist eben kein dauerhafter Zustand. Balance finden Sie nicht in idealen Gegebenheiten. In Ihr inneres Gleichgewicht kommen Sie immer wieder von neuem, indem Sie Ihre Ressourcen beleben und resilient umgehen mit dem, was gerade ist.

Die Quellen Ihrer Stärke sind Ihre Haltung, Ihre Verfassung, Ihre Begabungen und Fähigkeiten. Ihre Kraftquellen sprudeln umso lebendiger, je mehr sie aktiviert und genutzt werden.

Zufrieden, also im Frieden sein bedeutet, mit Ihrer inneren Stärke auf die Unwägbarkeiten des Lebens zu reagieren statt gegen sie anzukämpfen.

Das ist die Elastizität der Resilienz.

Mit ihr meistern Sie nicht nur die äußeren Anforderungen des Lebens, sondern bewirken gleichzeitig auch das Reifen Ihrer Persönlichkeit.

Meine guten Wünsche für Ihr (Auf)leben begleiten Sie.

Ihre Monika Gruhl

Dank

Ich bedanke mich bei allen Seminarteilnehmern, Coaching-Klienten, Lesern, Kollegen, Bekannten und Freunden, die ihre Erfahrungen mit mir teilen. Sie stärken mein Vertrauen in die Kraft der Resilienz und nähren meine Begeisterung, möglichst viel davon weiterzugeben.